AF454440

EDICT DV ROY,

PORTANT CREATION

D'VN SIEGE PRESIDIAL

en la Ville de Rhodez, & des
Officiers pour le compofer.

*Verifié en la Chambre des Comptes & au
Grand Confeil le 20. Decembre 1635.*

A PARIS,
Par P. METTAYER, A. ESTIENE, &
PIERRE ROCOLET,
Imprimeurs ordinaires du Roy.

M. DC. XXXVI.
Auec priuilege de fa Majefté.

LOVIS par la grace de Dieu Roy de France & de Nauarre, A tous presens & à venir, Salut. Lors de l'establissement des Sieges Presidiaux qui furent creez en chacune Seneschaussée & Bailliage de ce Royaume par Edict du mois de Feurier 1551. nostre ancien Domaine de Nauarre n'estant pas encores reüny à cette Couronne comme il a esté depuis, les Seneschaussées en dependantes furent priuées de cét establissement, à cause que les Officiers qui y administroient la Iustice, n'estans pas aussi Royaux, il fut iugé incompatible de leur donner l'authorité & jurisdiction Presidiale : Mais depuis, la reünion de nostredit Domaine ayant esté faite, & lesdits Iuges aussi faits Royaux, & reglez à l'instar de nos autres Officiers par Edict du mois de Decembre 1607. nous aurions accordé à nos subjets de nostredit ancien Domaine, les mesmes aduantages que nos predecesseurs Roys auoient donnez à tous nos autres subiets ; Et à cét effect, estably des Sieges Presidiaux en aucunes desdites Seneschaussées où l'erection nous en a semblé plus necessaire, à exemple du feu Roy nostre tres honoré seigneur & pere, que Dieu absolue, lequel auroit fait de pareils establissemens, dont le public reçoit vn notable soulagement. Et dautant que plusieurs nos subiets du Comté de Rhodez, Haute Marche du Pays de Roüergue, Haute &

A ij

baſſe Viguerie du Vigan, ſê trouuent beaucoup
eſloignez deſdits Preſidiaux, & ont à ſupporter
des grands frais & incommoditez en la pour-
ſuitte de leurs affaires & procez : deſireux d'y
pouruoir, nous aurions par noſtre Ediƈt du mois
de Mars dernier, creé vn Siege Preſidial en la
ville de Milhau; Mais comme il nous a eſté donné aduis du peu d'auantage & vtilité que noſdits
ſubiets reçoiuent en l'eſtabliſſemét dudit Siege
Preſidial en ladite ville de Milhau, attendu
qu'elle ſe trouue à l'extremité de la Prouince, &
grandement eſloignée des autres villes, & que
celle de Rhodez principale de ladite Prouince,
ſeroit reſſortiſſante pour vne moitié audit Preſidial de Milhau, & pour l'autre à celuy de Ville
Franche : de ſorte qu'outre la diuiſion & confu-
ſion de iuriſdiƈtion, il en arriueroit pluſieurs in-
conueniens & incommoditez à noſdits ſubiets;
ce qui ſeroit du tout contraire, à l'intention que
nous auons de leur faire rendre la Iuſtice, auec
plus d'authorité, ſoulagement des parties, & à
moins de frais que faire ſe peut : Et que pour cét
effeƈt, il ſeroit neceſſaire d'eſtablir ledit Siege
Preſidial en noſtredite ville de Rhodez qui eſt
ſçituée au milieu de ladite Prouince, Ville Ca-
pitale & Epiſcopale d'icelle, & vne des plus Il-
luſtres Seneſchauſſées de noſtredit ancien Domaine: laquelle deſirás bonifier & orner de quelque tiltre plus releué, pour luy faire ſentir les ef-
feƈts de noſtre bien-veillance : A CES CAV-
SES, çauoir faiſons, Qu'apres auoir mis cét
affaire en deliberation en noſtre Conſeil, &
nous y eſtre fait repreſenter noſtredit Ediƈt du

moisde Mars dernier : De l'aduis d'iceluy, &
d'aucuns Princes de noftre fang,& autres grands
& notables perfonnages de noftre Royaume, &
de noftre certaine fcience, plaine puiffance &
authorité Royale, Nous auons par ce prefent
Edict perpetuel & irreuocable, reuoqué & re-
uoquons noftredit Edict du mois de Mars dernier, portant creation d'vn Siege Prefidial en la
ville de Milhau:Et creé, érigé & eftably,creons,
érigeons & eftabliffons en confequence de nos
precedés Edicts, dãs noftredite ville de Rhodez,
Vn Siege Prefidial,cõpofé des Officiers qui font
de prefent pourueus en la Iuftice ordinaire de la
Senefchauffée dudit Comté, Sçauoir du Iuge en
ladite Côté, qui d'orefnauant fera appellé Lieu-
tenãt Principal,du LieutenãtParticulier,de deux
nosConfeillers,de noftre Aduocat & Procureur,
Aufquels nous auons attribué & attribuons ladite Iurifdiction Prefidiale , fans qu'ils foient
tenus de prefter nouueau ferment. Outre lefquels Offices, nous auons creé & érigé, creons
& érigeons en tiltre d'Office formé , pour par-
faire ledit Siege Prefidial , Deux Prefidens, vn
Iuge Maie,vn Iuge Criminel, vn Affeffeur Ciuil
& Criminel , vn Lieutenant du Senefchal de
Robe Courte, treize Confeillers Lays, vn Confeiller Clerc,& vn autre Confeiller Garde-Sçel,
vn autre Aduocat pour nous, vn Subftitut de
noftredit Procureur , vn Commiffaire Exami-
nateur & Enquefteur qui pourra eftre vny au
Corps des Officiers dudit Prefidial , vn Secre-
taire de la Cour Prefidiale & Chancellerie , &
vn Receueur Payeur hereditaire des gages def-

dits Officiers, qui fera auſſi la récepte des amendes auec droiƈ de ſix deniers pour liure d'icelles. Pour par tous leſdits Officiers de iudicature, cognoiſtre, iuger & decider de toutes matieres ciuiles & criminelles, tant en premiere inſtance de celles dont leſdits Officiers cy-deuant eſtablis en ladire Seneſchauſſée ont cogneu de tout temps, & qui leur ont eſté attribuées par les Arreſts de noſtre Conſeil du 30. Iuillet 16;1.& 1;.Mars 16;;. que par appel des ſentences & appointemens rendus par les Iuges de nos vaſſaux, arriere-vaſſaux & Domaine engagé ou aliené de noſtredit Comté de Rhodez, comme auſſi des Iuges de ladite Ville, Bourg, Cité & Seau de Rhodez, Vicomté de Creſſel Mur de Barrés, & quatre Chaſtellenies de Roüergue vnies audit Comté, leurs reſſorts & depédances, enſemble des Iuges de la Haute Marche de Roüergue, dont les appellations reſſortiſſoient cy-deuant au Siege Preſidial de Ville-Franche, & des Iuges de la Haute & Baſſe Viguerie du Vigan, qui reſſortiſſoient au Siege Preſidial de Niſmes: Et ce à l'inſtar des autres Seneſchauſſées & Sieges Preſidiaux de ce Royaume, conformément aux Ediƈts, Declarations & Ordōnances, portans creation & reglement d'iceux. Leſquelles Iuriſdiƈtions & Reſſorts, nous auons diſtraits par noſtre preſent Ediƈt du Reſſort & Iuriſdiƈtion deſdits Sieges Preſidiaux de Ville-Franche & Niſmes : Et voulons iceux eſtre de la Iuriſdiƈtion dudit Siege Preſidial de Rhodez, inſeparablemét & irreuocablement, A la reſerue neantmoins des reſſorts & dependances des vil-

les & lieux de Cadenac, Maleuille, Parssot,
Loupiac, les Seigneuries de Verdun & Bossac
dependans dudit Comté de Rhodez, des Villes
& lieux de saincte Affrique, sainct Rome de
Tarn, Auriac, Brasque, le Pont de Camarés,
Bruols, Nouenque, Saluanes, sainct Felix,
Montlaur, sainct Victor, la Romeguiere, Ver-
sols, Calmeils, le Vaillar, Roquefort, Torne-
mire, le Clapié, Canals, Sorgues, Bornac, Ven-
daloues, Vabre, Segouzac, Montagut, Gouzou,
Gissac, la Cazotte, Montclarat, la Bastide, de
Fons, Marniagues, la Tour, Montanhol, Raissac,
sainct Rome de Sernou, Montpau, sainct Bauze-
ly de l Erondel, Bedos, Perralbe, Laual Bussac,
sainct Miquel de Landesque, sainct Crespasi,
sainct Iean d'Aucapié, Montalegre, sainct Estien-
ne de Maucolles, sainct Ceruain, Roqueserieye,
Laual dudit Roqueserieye, Postomy, Valaquie,
Plasence, Combret, sainct Seue le Soulié,
Brousse, Montel Farret, Feneirolles, Môtfranc,
Martrin, sainct Ioery, sainct Miquel de Questort,
Môtclar, la Bastide, Teaulat, les Plats, Sattel-
Iyes, sainct Ichest, Fareirottes, Ennons, Belmont,
Murassou, Prohenques, sainct Isery, Rebourguil,
Peaux, Coffolences, Monnes & Blanc, depen-
dans de ladite Haute Marche de Roüergue, que
nous n'entendons distraire dudit Presidial de
Ville-Frâche, Ains lesdites villes & lieux reser-
uez, y ressortiront comme auparauant pour
plus grande commodité & soulagemêt des par-
ties. Voulans que les autres Iurisdictions & res-
sorts presentement attribuez audit presidial de
Rhodez, n'en puissent estre distraites ny separées

pour quelque cauſe & occaſion que ce ſoit, ny les habitans d'icelles ſe pouruoir ailleurs pour leurs procez & differents ciuils & criminels, tãt meus qu'à mouuoir, à peine de nullité, caſſation de procedures, de mil liures d'amende, & de tous deſpens, dommages & intereſts des parties. Leſquels procez en quelque eſtat qu'ils ſoient ou puiſſent eſtre lors dudit eſtabliſſemẽt, nous auons éuoqué & éuoquons en noſtre Conſeil, & iceux renuoyez & renuoyons en noſtredit Preſidial de Rhodez, pour y eſtre inſtruits, iugez & terminez ſuiuant nos Edicts & Ordonnances, & ainſi qu'il appartiendra. Faiſant inhibitions & defenſes à nos Officiers deſdits Sieges preſidiaux de Ville Franche & Niſmes, & à tous autres d'en prendre à l'aduenir cour, iuriſdiction ny cognoiſſance ſur les meſmes peines. Et à fin que leſdits Officiers ayent moyen de ſentretenir dans leurs charges Nous leur auons donné & attribué, donnons & atrribuons par noſtre preſent Edict, la ſomme de cinq mil vingt liures de gages par chacun an; Sçauoir, à chacun deſdits preſidens mil liures, au Iuge Maie cinq cens liures, au Iuge Criminel, cent liures, au Lieutenant principal vingt liures, outre les quatre vingts liures de gages anciens dõt il iouïſſoit cy deuant comme Iuge en ladite Comté, Au Lieutenant particulier, à l'Aſſeſſeur Ciuil & Criminel, au Lieutenant de Robbe Courte de noſtredit Seneſchal, aux deux Conſeillers en ladite Seneſchauſſée cy deuant eſtablis, aux treize Conſeillers Lays, au Conſeiller Clerc, au Conſeiller Garde-Sçel, & à noſtre Aduocat creé par noſtre

noſtre preſent Edict, cent liures à chacun, outre autres cent liures que ledit Conſeiller Garde-Sçel prendra par an des émolumens de ladite Chancellerie : A noſtre Aduocat cy-deuant eſtably, la ſomme de ſoixante liures, outre quarante liures de gages dont il iouiſt : A noſtre Procureur auſſi cy-deuant eſtably quarante liures . outre les ſoixante liures des gages dont il iouiſt Au Subſtitut de noſtre procureur cinquante liures, & au Receueur payeur des gages deſdirs Offi-ciers cent cinquante liures, outre le droict de ſix deniers pour liure ſur les deniers de la recepte qu'il fera deſdites amédes. Tous leſquels gages de nouueau attribuez auſdits Officiers, reue-nans enſemble à ladité ſomme de cinq mil vingt liures, Nous voulons eſtre employez par chacun an, auec leſdits anciens gages dudit Iuge, noſtre Aduocat & Procureur en la Iuſtice ordinaire de ladite Seneſchauſſée du Comté de Rhodez, re-uenans à neuf vingts liures dans l'eſtat des char-ges locale de noſtredit ancien Domaine de Na-uarre de chacune année, à commencer de la preſente, & mis és mains dudit payeur par les Receueurs, Fermiers, leurs Commis ou autres comptables dudit Domaine, pour les payer aux pourueus deſdits Offices comme charges ordi-naires, de quartier en quartier ſous leurs ſimples quittances en la maniere accouſtumée, & en attendant au porteur des quirances de Finance & lettres de prouiſion, qui en ſeront expediées les noms & ſurnoms en blanc. Comme auſſi nous auons par noſtre preſent Edit, creé, érigé & eſtably, creons, érigeons & eſtabliſſons en

B

tiltre d'Office formé & herediraire audit Siege
Presidial, Vn Greffier Ciuil, vn Greffier Criminel, vn Greffier des Presentations, vn Greffier
Dappeaux, vn Greffier des Insinuations, vn
Greffier des Affirmations, vn Greffier du Conseil, vn Garde du Petit Sçel, vingt Procureurs
Postulans, deux desquels nous voulons estre
rapporteurs & certificateurs des criées, vn Con-
trolleur des Expeditiós des Greffes, deux Clercs
d'Audience, d ux Huissiers Audienciers, & quatre autres Huissiers ou Sergens à Verge, auec
pouuoir d'exploicter par tout nostre Royaume,
Pays, Terres & Seigneuries de nostre obeïs-
sance, les Sentences & iugemens dudit Presidial,
ensemble tous Arrests, iugemens & autres actes
de Iustice & Finance, soit pour nos affaires ou
autrement. Pour estre des à present pourueus à
tous lesdits Offices, & cy-apres quand vacation
escherra des casuels, par mort, resignation ou
autrement, mesmes aux hereditaires à toute
mutation, des personnes suffisantes & capables,
qui en iouïront aux mesmes honneurs authori-
tez, exercice, fonctions, iurisdiction, preroga-
tiues, prééminences, franchises, libertez, exemptions, immunitez & gages, susdits droicts, espi-
ces, fruicts, profits, reuenus & émolumens, que
les pourueus de semblables Offices en nos autres Sieges presidiaux, & qui leur ont esté accor-
dez par les Edicts de creation, Declarations,
Arrests & Reglemens en consequeuce. En
payant par les Officiers presentement creez, les
sommes ausquelles ils seront moderement taxez: Comme aussi prenant par lesdits Lieutenát

rincipal, Lieutenant particulier, deux nos Con-
eillers, noftre Aduocat & procureur en ladite
Senefchauffée du Comté de Rhodez, nouuelles
rouifions de nous, & payant les fommes aufquelles de mefme ils feront moderément taxez
pour ladite augmétation de gages & iurifdictió,
uiuant les rolles qui en ferót arreftez en noftredit Cófeil. Et pour dauantage gratifier les pourueus defdits Offices tant anciens que nouuelle-
ment creez, Nous voulons qu'il iouïffent de la
difpenfe des quarante iours, pendant le temps
qui refte à expirer de noftre Declaration de
l'année 1630. fans pour ce payer aucun preft, ny
roict annuel : & en cas de decez, que lefdits
Offices foient conferuez à leurs vefues & heri-
iers. Et pour côtenir nos fubiets en l'eftenduë
du reffort dudit prefidial de Rhodez, en leur de-
uoir, & reprimer les abus, voleries & mauuaifes
ctions qui s'y pourroient commettre : Nous
auons pareillement creé & érigé, creons & érigeons en tiltre d'Office formé audit prefidial, vn
Office de Viffenefchal, Cheualier du Guet, vn
Lieutenant & vn Exempt, vn Greffier heredi-
aire, & huict Archers auffi hereditaires dudit
Viffenefchal & Cheualier du Guet, pour en
iouïr par les pourueus, aux mefmes fonctions,
iurifdictions, priuileges, exemptions, droicts,
profits & émolumens que les autres Viffenef-
chaux, Cheualiers du Guet, leurs Lieutenans,
Exempts, Greffiers & Archers : Mefme lefdits
Viffenefchal, Lieutenant, Exempt, enfemble
leurs premiers refignataires du droict de furui-
uance de leurfdits Offices, fans pour ce payer

aucune finance, ny marc d'or, de prefent ny à
l'aduenir: Et aux gages ledit Viffenefchal, Cheualier du Guet, de huict cens liures, le Lieutenant de cent dix liures, l'Exempt, le Greffier &
chacun defdits huict Archers de cent liures chacun, que nous leur auons attribué & attribuons
par ce prefent Edict: Lefquels gages reuenans à
la fomme de dix-neuf cens dix liures, feront employez dans les eftats des Finances & Commif-
fions que nous enuoyerons par chacun an pour
la leuée d'icelles fur tous les contribuables de
la Generalité de Montauban, à commencer
l'année prefente, pour eftre receuë & payée
conformement aux gages des Officiers des autres Marefchauffées de ce Royaume. SI DON-
NONS EN MANDEMENT à nos amez & feaux
Confeillers les Gens de nos Comptes à Paris,
prefidens, Treforiers de France & Generaux de
nos Finances à Montauban chacun endroit foy,
Que noftre prefent Edict ils facent lire, publier
& regiftrer, & le contenu en iceluy, garder &
obferuer inuiolablemét de point en point felon
fa forme & teneur, ceffans & faifans ceffer tous
troubles & empefchemens au contraire, nonobftant oppofitions ou appellations quelconques,
dont fi aucunes interuiennent, nous nous referuons la cognoiffance à noftredit Confeil, icelle
interdifons & defendons à toutes nos Cours &
autres Iuges: CAR tel eft noftre plaifir, Nonobftant auffi tous Edicts, Declarations, Arrefts,
Reglemens, defenfes & autres chofes à ce con-
traires, aufquelles & aux dérogatoires des dérogatoires y contenuës, nous auons expreffe-

ment dérogé & dérogeons par ces preſentes. Et
afin que ce ſoit choſe ferme & ſtable à touſiours,
nous y auons fait mettre noſtre ſçel , ſauf en autres choſes noſtre droiƈt & l'autruy en toutes.
D o n n e' à Chantilly au mois de Iuillet, l'an
de grace mil ſix cens trente-cinq : Et de noſtre
regne le vingt-ſixieſme. Signé, L o v i s:Et plus
bas,Par le Roy, S e r v i e n. A coſté, viſa. Et
ſçellé du grand ſeau de cire verte ſur lacs de ſoye
rouge & verte. Et encor eſt écrit:

LE V, publié & regiſtré en la Chambre des Comp-
tes Ouy, le Procureur General du Roy, par Monſieur
le Duc d'Orleans, Frere vnique de ſa Maieſté, venu
expres en ladite Chambre, aßiſté du Sieur Mareſchal
d'Eſtrée, & desſieurs Aubery & Colmoulins , Con-
ſeillers de ſadite Majeſté en ſes Conſeils, le vingtié-
me iour de Decembre mil ſix cens trente-cinq. Signé,
GOBELIN.

Arreſt du Conſeil d'Eſtat du Roy, portant
confirmation de l'eſtabliſſement du
Preſidial de Rhodez

S V R ce qui a eſté repreſenté au Roy en ſon
Conſeil, Qu'encores que l Ediƈt de creation
du Preſidial de Rhodez ait eſté regiſtré au grand
Conſeil, & en la Chambre des Comptes, Non-
obſtant les oppoſitions formees à l'enregiſtre-
ment d'iceluy, par les Officiers du Siege de Vil-

le-Franche les pourueus des Offices creez par
ledit Edict reçeus & installez, ledit Presidial
estably par les Srs Miron & le Camus, inten-
dans de la Iustice en Languedoc, Commissaires
deputez à cét effect par sa Majesté par ses Lettres patentes du quatorziesme Octobre dernier: Et que sa Majesté se soit reseruee la con-
noissance des oppositions qui naistroient en
execution dudit Edict, & icelle interdite à tous
autres Iuges ; Neantmoins le Parlement de
Thoulouse soubs pretexte de quelques oppositions, & que la verification & enregistrement
dudit Edict n'auoit esté faite en iceluy. Auroit
par deux Arrests donnez à la requisition du Procureur General les deux & cinquiesme Ianuier
de la presente année: Enioint aux pourueus desdits Offices de remettre dans huictaine parde-
uers ladite Cour ledit Edict, & leurs Lettres de
prouision, pour ce fait estre ordonné ce qu'il
appartiendroit, auec deffences de s immisser en
l'exercice d iceux, à peine de dix mil liures d'a-
mende, cassation de ce qui auroit esté fait, & à
ceux du pays de les recognoistre, ny defferer à
leurs iugemens sur les mesmes peines. Veu l E-
dict de Creatiõ dudit Siege Presidial, au bas du-
quel sont les Arrests d'enregistremens, & verification d'iceluy, tant audit grand Conseil, que
Chambre des Comptes, lesdites Lettres patentes en forme de Commission, données à sainct
Dizier le 14. iour d'Octobre dernier, addressées
ausdits sieurs Miron, & le Camus, pour faire l'e-
stablissement dudit Siege, reception & installa-
tion des Officiers d'iceluy, Lettres de prouision

des deux Offices de Presidens , du Iuge Maje,
Lieutenant ou Iuge Criminel, & d'autres Officiers dudit Siege Presidial , sur le reply desquelles est l'Acte de leur reception en iceux, Lesdits
Arrests du Parlement de Thoulouse des deux &
cinquiesme Ianuier dernier , contenans lesdites
oppositions , & deffences aux pourueus desdits
Offices de s immiser en l exercice d'iceux, auec
injonction à chacun d'eux de remettre parde-
uers ladite Cour tant ledictEdict, que leurs Lettres de prouisions sur les peines susdites , & à
ceux du Pais de ne les recognoistre ny defferer à
leurs iugemens. LE ROY EN SON CONSEIL
a cassé , reuocqué & annullé lesdits Arrests du
parlement de Thoulouse des deux & cinquiesme Ianuier 1636. & tout ce qui s'en est ensuiuy.
Ordonne que sondit Edict du mois de Iuillet
dernier sera executé, & que les pourueus desdits
Offices en feront l'exercice & fonction conformément à iceluy, & à leursLettres de prouision.
Fait sa Majesté tres-expresses inhibitions & deffences audit parlement , à son procureur General , & tous autres de les y troubler , ny empes-
cher au preiudice du presentArrest qui sera executé, nonobstant oppositions ou appellations,
faites, ou à faire : Desquelles s y aucunes inter-
uiennenc, Sa Majesté s est reseruée la connois-
sance en fonditConseil, & icelle interdite & def-
fenduë audit parlement de Thoulouse, & tous
autres Iuges. Fait au Conseil d'Estat du Roy,
tenu à paris le vingtiesme iour deFeurier mil six
cens trente-six. Signé, Bordier.

LOVIS par la grace de Dieu Roy de France & de Nauarre A noftre Huiffier ou Sergent premier fur ce requis, Nous te mandons & commandons que l'Arreft dont l'extraict eft cy attaché fous le contrefçel de noftre Chancellerie, ce iourd'huy donné en noftre Confeil d'Eftat, en execution de noftre Edict du mois de Iuillet dernier, portant creation & eftabliffement d'vn Siege prefidial en la Ville de Rhodez, & des Officiers neceffaires pour le compofer. Tu fignifies à tous ceux qu'il appartiendra, à ce qu'ils n'en pretendent caufe d'ignorance, faits les deffences y contenuës, & tous autres actes & exploicts neceffaires pour l'execution d'iceluy, fans demander autre permiffion, Nonobftant les Arrefts de noftre Cour de Parlement de Thouloufe y enoncez des deux & cinquiefme Ianuier dernier que nous auons caffez, reuocquez, & annullez, & tout ce qui s'en eft enfuiuy, oppofitions ou appellatiós quelconques, faites ou à faire, dont fi aucunes interuiennent, nous nous en referuons la connoiffance en noftredit Confeil, icelle interdifons & deffendons à noftredite Cour de Parlement de Thouloufe & tous autres Iuges; CAR tel eft noftre plaifir. Donné à Paris le vingtiefme iour de Feurier, l'an de grace mil fix cens trente-fix, Et de noftre regne le vingt-fixiefme. Signé, Par le Roy en fon Confeil. Bordier. Et fcellé fur fimple queuë du grand fceau de cire jaune.